Text und Illustrationen von Ana Obtresal

Der große Pandabär isst gerade genüsslich eine Schale Bambussprossen. Sein Freund, der kleine Buntspecht, wundert sich: „Hast du keine Gabel? Oder warum benutzt du sonst diese komischen Dinger?"
Der Pandabär hält tatsächlich ein seltsames Werkzeug in der Hand. „Wir in China, wir essen nicht mit Messer und Gabel", erklärt er, „wir verwenden Essstäbchen."
„Stäbchen? Wie soll das denn gehen? Willst du die Sprossen damit aufspießen?", fragt der kleine Specht.
Da lacht der große Pandabär. „Nein, nicht aufspießen, ich greife sie wie mit einer Zange."
„Soso", sagt der kleine Specht und wundert sich noch mehr.

大熊猫正在享用一碗竹笋。他的朋友，小啄木鸟觉得很好奇"你没有餐叉么？为什么你用那么奇怪的东西呢？"
大熊猫手里确实拿着一个很奇特的餐具"在中国，我们吃饭并不用刀叉，"他解释道，"我们用筷子。"
"筷子？怎么用呢？使用它把竹笋叉起来么？"小啄木鸟问。
大熊猫笑着说"不是叉起来，是像钳子一样把食物夹起来。"
"哦，这样啊。"小啄木鸟说，不过他还是不明白。

„So, schau her", sagt der große Pandabär und zeigt es seinem Freund nochmal ganz genau. „Das eine Stäbchen kommt zwischen Zeige- und Mittelfinger …"

"喏，你看这儿"，大熊猫一边说着，
一边向他的朋友展示如何使用。
"一根筷子是在食指和中指之间，…"

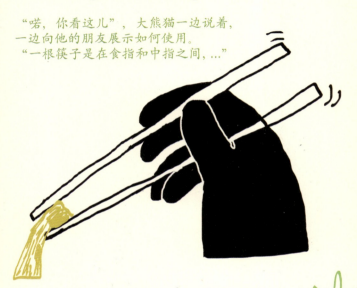

„… das andere legst du auf den Ringfinger,
und der Daumen hält alles fest."
„Hm", macht der kleine Specht,
„das sieht kompliziert aus."

"…另外一根筷子搭在无名指上，然后大拇指将两根筷子拿住。"
"嗯"，小啄木鸟说，"这看起来有些复杂。"

„Mit viel Übung geht das", sagt der große Pandabär und will es nochmal zeigen. Aber jetzt hat auch er vergessen, wie es geht. Die Stäbchen machen, was sie wollen und purzeln auf den Boden. „Oje!"

"熟能生巧嘛，"大熊猫说道。可当他想再展示一下的时候，他也忘了怎么用了。筷子完全不受控制，掉落在了地上。

„Ich weiß was viel Lustigeres!", sagt der Pandabär und dreht die leergegessenen Schalen um. Der kleine Specht ist neugierig: „Was hast du vor?" – „Warte ab, das wird ein Spaß!" Dann nimmt er die Stäbchen zur Hand und beginnt damit auf die Schalen zu trommeln. Tam Taram Tam Tam. „Das ist Rhythmus!" – „Rhythmus? Das kann ich auch!", ruft der kleine Specht und trommelt mit seinem Schnabel auf den Tisch. Tack Tarack Tack Tack – und jetzt gemeinsam im Takt!

Tam Taram Tam Tam
Tack Tarack Tack Tack
Tam Taram Tam Tam
Tack Tarack Tack Tack

"我还知道一些更有趣的事情呢!" 大熊猫说着,把空的碗翻了过去。 小啄木鸟很好奇 "你要干什么呢?"
"等一下,这很有意思的!"
他拿起筷子,开始在碗上敲了起来。
嗒 滴 嗒 嗒, "这多有韵律呀!"
"韵律? 我也可以的!" 小啄木鸟大喊道,用他的喙在桌子上啄了起来。 叮 咚 叮 叮
恰好在一样的节拍上!

嗒 滴 嗒 嗒
叮 咚 叮 叮
嗒 滴 嗒 嗒
叮 咚 叮 叮

„Weißt du was, Panda? Ich hab auch eine Idee, was wir mit den Stäbchen machen können!", ruft der kleine Specht. „Wir spielen Zirkus!" – „Eine Zirkusnummer!? Oh ja!", freut sich der große Pandabär. „Aber welche?" – „Wir können die Schalen auf den Stäbchen jonglieren!", ruft der kleine Specht und probiert es gleich aus. Er nimmt eine Schale und setzt sie auf ein Stäbchen. Aber die Schale fällt gleich wieder herunter.

"大熊猫，你知道么？我也有一个主意，我们可以用筷子来试试！"小啄木鸟大喊道。"我们表演杂技！" "马戏团节目？好的！"大熊猫很高兴。"不过什么样的节目呢？" "我们可以将碗放在筷子上杂耍！"小啄木鸟一边喊着，一边试了试。他拿起一个碗放在了筷子上，但是碗立刻就掉了下来。

Jetzt ist der große Pandabär an der Reihe. Bei ihm klappt es. Er kann sogar drei Schalen gleichzeitig jonglieren. Und das nur auf einer Hand stehend!
„Du bist ja ein richtiger Artist, Panda!"

现在该轮到熊猫了。他成功了。他甚至可以同时杂耍三个碗，然后用一只手站立着！
"大熊猫，你真是一名艺术家！"

„Das ist aber ganz schön anstrengend", meint der große Pandabär nach einer Weile. „Ich muss mich ausruhen." Er plumpst auf den Boden. „Kleiner Specht, kannst du mir mal den Rücken kraulen? Mich juckt es überall", bittet er seinen Freund. „Du hast doch deine Stäbchen", sagt der kleine Specht, „damit kannst du dich wunderbar selbst am Rücken kraulen!" Was für eine gute Idee!

„Aber weil wir Freunde sind, kraule ich dich auch gerne mit meinem Schnabel", sagt der kleine Specht, und dann kraulen sie dem großen Pandabären gemeinsam den Rücken.

"不过这也挺辛苦的,"玩了一会儿之后,大熊猫说。"我必须要休息一下。"他扑通一声坐在了地上。"小啄木鸟,你能帮我挠一下背呢?我感觉特别痒。"大熊猫问他的朋友。"你不是有筷子嘛,"小啄木鸟说,"用它你自己就能很好的挠痒了!"多么好的主意呀!

"不过因为我们是朋友,我也很乐意用我的喙帮你挠痒,"小啄木鸟说着,然后帮大熊猫挠了起来。

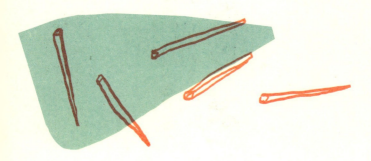

„Und so sieht das chinesische Schriftzeichen für STÄBCHEN aus", erklärt der große Pandabär dem kleinen Specht.

"汉字中'筷'看起来是这个样子的。"大熊猫向小啄木鸟展示着。

Versuche es doch auch einmal und zieh die grauen Flächen in der richtigen Reihenfolge mit einem Stift nach.
So geht's:

尝试按照正确的顺序用铅笔在田字格里书写。
像这样:

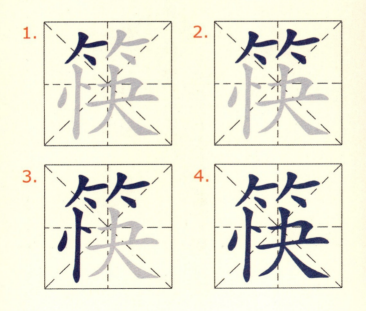

Und jetzt du:

现在该你了:

So geht es ganz genau:
Zieh die Striche in der Reihenfolge der Zahlen.

这是详细的介绍:
按照数字顺序书写笔画。

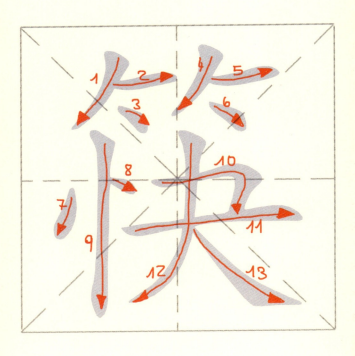